La escuela
de los piratas

Agustín Fernández Paz

La escuela
de los piratas

Ilustraciones: Luis Filella

edebé

Obra ganadora del Premio Edebé de Literatura Infantil según el fallo del Jurado compuesto por: Ricardo Alcántara, Pep Durán, Victoria Fernández, Esperanza Nava y Roberto Santiago.

Título original: *A escola dos piratas*
© Agustín Fernández Paz, 2005

© Ed. Cast.: Edebé, 2005
Paseo de San Juan Bosco, 62
08017 Barcelona
www.edebe.com

Directora de la colección: Reina Duarte
Diseño gráfico de cubierta: César Farrés
Ilustraciones: Luis Filella
Traducción: María Xesús Fernández Fernández

11.ª edición

ISBN 978-84-236-7325-4
Depósito Legal: B. 7977-2011
Impreso en España
Printed in Spain
EGS - Rosario, 2 - Barcelona

«Aquí, negro sobre blanco,
rigen otras leyes.»

WISLAWA SZYMBORSKA:
La alegría de escribir

Índice

1
La lluvia interminable

Marta se despertó con el ruido que hacían las gotas de agua al golpear con furia contra los cristales. Abrió los ojos con desgana y miró el reloj: faltaban sólo unos pocos minutos para las ocho, ya no merecía la pena intentar dormir de nuevo. Además, era imposible hacerlo con un estrépito como aquél; parecía que los vidrios acabarían rompiéndose por la fuerza tan intensa de la lluvia.

La niña se levantó y se acercó a la ventana. Subió la persiana y miró la calle,

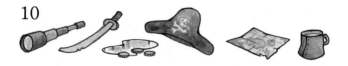

sabiendo de antemano lo que iba a ver. La lluvia formaba una barrera que difuminaba todas las cosas. Los edificios de enfrente, los coches, los árboles, los prados... Era como si el agua que caía y caía fuera destiñendo los colores originales y dejando sólo un paisaje en el que no había otras tonalidades más que las del gris.

Después observó el cielo. Igual que en los días anteriores, aparecía cubierto de nubes oscuras y compactas, grandes como inmensas naves espaciales. Aquellas nubes amenazaban con permanecer sobre el pueblo hasta descargar toda el agua que tenían acumulada. Que debía de ser mucha, pues Marta ya ni recordaba cuándo había sido el último día que vio el cielo azul.

Que lloviera sin parar no era una nove-

dad. En Galicia llueve mucho. La maestra ya les había explicado que estaban en el lugar del mapa por el que entran todas las borrascas que vienen del océano. Pero lo raro era que no escampase durante tanto tiempo, pues llevaban así varias semanas.

La lluvia había empezado a caer a mediados de octubre, cuando el curso todavía estaba echando a andar. Al principio nadie le dio importancia; pero, con el paso de los días, Marta notaba una mayor preocupación en las caras de la gente.

—Si esto sigue así, van a acabar saliéndonos branquias a todos —había comentado su padre la noche anterior, durante la cena.

—Branquias, no sé —había añadido la madre—. Pero tal vez tengamos que ven-

der el coche y pensar en comprarnos una buena barca.

La niña sabía que estaban exagerando, que a las personas no pueden salirnos branquias como a los peces. Pero con lo de la barca no estaba tan segura, pues había visto en la televisión cómo algunos lugares se inundaban al desbordarse los ríos, y la gente tenía que emplear lanchas para desplazarse.

—En barca, como en Venecia. ¡Qué bien! —había intervenido Marta—. ¡Y también podríamos bañarnos lanzándonos desde la ventana!

—¡El baño te lo voy a dar yo a ti! —le contestó su padre—. Si quieres nadar, practicas en la bañera. Todavía no has crecido demasiado, seguro que puedes dar alguna brazada en ella.

—Además, no te hagas ilusiones. Este pueblo no se va a inundar nunca —había explicado la madre—. Está situado en una zona más alta que las tierras de alrededor. El río, por mucho que crezca, no podrá llegar tan arriba.

Marta comprendió que su madre tenía razón. Tendría que venir el Diluvio Universal para que se inundase el pueblo. Pero eso no impidió que, por la noche, mientras se dejaba vencer por el sueño, la niña imaginara que vivía en una casa rodeada de agua y que, desde las ventanas, podía ver barcos con grandes velas hinchadas por el viento y ballenas enormes lanzando sus chorros al cielo.

—¡Marta! Vístete enseguida y baja a desayunar —la voz de su madre que la llamaba desde la cocina hizo que volviera a la realidad—. A ver si hoy vas a llegar tarde a la escuela.

¡La escuela! Por nada del mundo quería perdérsela, para la niña eran las mejores horas del día. Los otros años había ido sin muchas ganas, pero este curso le encantaba. Ana, la profesora de su aula, sabía cómo hacer que se entusiasmase con las actividades de cada día, tan distintas de las rutinarias y aburridas de los años anteriores.

Claro que también le hacía ilusión el deseo de ver a Daniel, con el que tan a gusto se sentía. La amistad entre ellos había comenzado de manera casual. Cuando Daniel llegó nuevo al colegio, a media-

dos del curso pasado, la maestra lo había puesto al lado de Marta, pues entonces estaban sentados en parejas. Como él no conocía a nadie, al principio con quien más hablaba era con la niña. Y así, con el paso de los meses, habían llegado a hacerse muy amigos. Ahora ninguno de los dos se preocupaba por disimularlo: les encantaba estar juntos, y les daba igual que algunos compañeros, para fastidiarlos, dijesen que eran novios.

La niña se vistió a toda prisa, cogió la mochila del colegio y bajó las escaleras de dos en dos. Su madre ya le tenía el desayuno preparado en la cocina. Por la radio, la locutora anunciaba que aquel día tampoco cambiaría el tiempo.

—¿Te has fijado en cómo llovía hace un momento? ¿Y si no para nunca más?

—preguntó Marta mientras tomaba la leche.

—Claro que parará, mujer. Algún día tiene que volver a salir el sol —respondió la madre—. Aunque si sigue cayendo agua, va a tener razón tu padre con eso de las branquias.

De repente, la madre puso cara de susto y se acercó a Marta. Le colocó las manos a los lados del cuello y apretó un poco con los dedos:

—¿Qué es esto que tienes aquí? A ver, a ver... ¡No sé si a ti no te estarán saliendo ya!

Marta, al principio, se asustó, pero enseguida entendió la broma:

—¡Qué va! ¡Ésas son tonterías tuyas!

—Por si acaso, tú tócate el cuello todas las mañanas. ¡Cualquiera sabe lo que pue-

de pasar si no escampa! —contestó su madre. Y a continuación, tras mirar el reloj, añadió—: Venga, espabílate, que se nos hace tarde.

La madre de Marta trabajaba de dependienta en una droguería y entraba a la misma hora que la niña, por eso aprovechaba para llevarla al colegio todos los días. Les quedaba algo lejos, pues la casa estaba a la entrada del pueblo, mientras que la escuela quedaba en la parte más elevada. Para llegar allí había que subir por una carretera estrecha y llena de curvas.

—¡Con lo que protestamos cuando construyeron el colegio en lo alto! —comentó la madre, ya en el coche—. Al final los del Ayuntamiento van a tener razón. Ahí arriba, por lo menos, es seguro que no moriréis ahogados.

Marta permanecía callada. A través de la ventanilla contemplaba el agua que bajaba por los dos lados de la carretera como si fuera un río, porque los sumideros eran escasos e insuficientes para recoger tanto líquido. «¡Cómo me gustaría ser maga!», pensó. «Entonces podría convertirme en una sirena diminuta y dejarme ir cuesta abajo hasta llegar al río. Y la corriente acabaría llevándome al fondo del mar, donde viven las sirenas de verdad. ¡Sería formidable!»

2
La clase de Marta

L a madre detuvo el coche frente al patio del colegio. Marta se despidió de ella y echó a correr hacia la entrada, procurando no pisar ninguno de los enormes charcos que se habían formado en el suelo. Ya dentro del edificio, subió las escaleras y se dirigió a su clase.

Aquel día ella era de las últimas en llegar. Todavía no habían empezado el trabajo, pero la maestra ya estaba en el aula, y también la mayoría de los niños. Se acercó a su grupo y se sentó al lado de Daniel, que la saludó con alegría. Beatriz y Antón,

los otros dos miembros del equipo, debían de haber llegado poco antes que ella, pues todavía estaban sacando las cosas de sus mochilas.

Poco después, la maestra les mandó que se sentaran todos para poder empezar la clase. Pero ni siquiera pudo terminar la frase porque, en ese momento, se abrió la puerta de golpe y entró doña Clara, la directora. Doña Clara es una mujer alta y delgada, que viste siempre con trajes de chaqueta de colores oscuros. Los niños sienten escalofríos en cuanto la ven delante, pues parece estar enferma de antipatía y se pasa el día riñendo por cualquier cosa: por bajar las escaleras corriendo, por masticar chicle, por hablar en voz alta en los pasillos, por llevar el pelo desordenado, por reír, por entrar en algún

sitio prohibido, por tener sueltos los cordones de los zapatos...

Claro que todavía le temen más a don Martín, el jefe de estudios, que parece ser el criado-para-todo de doña Clara. Cuando la directora castiga a alguien, don Martín es el encargado de ejecutar lo que ella ordena, desde las horas de pie de cara a la pared hasta el castigo más terrible: el Cuarto Oscuro, un recinto estrecho y sin ventanas donde en otro tiempo se guardaba el material escolar.

—Buenos días —saludó la directora, con voz agria.

Sin apenas mirar a los niños, se acercó a la maestra y la condujo hasta el rincón más apartado, tras la mesa de la profesora. Doña Clara llevaba en la mano la temida carpeta roja, donde anotaba

todas las faltas que ella consideraba mere-
cedoras de sanción.

Como el equipo de Marta era el que
estaba más cerca, a la niña no le resultó
difícil oír lo que decían:

—Escúcheme con atención, Ana, me
gustaría no tener que volver a avisarla.
Sabe lo atrasada que va con el programa,
¿verdad? ¡Mire, mire los objetivos de la semana pasada! —doña Clara elevaba la
voz y señalaba unos papeles que había
sacado de la carpeta—. ¡Esta clase ha quedado por debajo en la mayoría de ellos!
¡Algo inadmisible!

—Pero es que a los niños les interesó
mucho el tema de la reproducción de los
animales —se defendió Ana—. Como lo
ampliamos bastante, no nos dio tiempo
para hacer las otras cosas.

—Pues si quieren ampliar, que lo hagan en sus casas. Esto es un colegio, no una biblioteca —miró con malicia a la maestra y añadió—: ¿Y qué me dice de esos cuentos que usted les cuenta cada día? ¡Para eso sí que encuentra tiempo, por lo que se ve!

Como Ana continuaba en silencio, la directora levantó todavía más la voz:

—¡Leer cuentos no está en el programa! Y tampoco que los niños los inventen. Ésa sí que es una manera tonta de perder el tiempo. Debería tomar ejemplo de Damián, su compañero. ¡Todos los objetivos conseguidos! ¡Todos, sin faltar ni uno!

—Ya hablo con él todos los días —comentó la maestra—. Pero es que mis niños...

—¡Sus niños, sus niños! —la interrumpió la directora—. ¿Acaso éstos son distintos de los de la otra clase? ¡Los niños hacen lo que se les manda, la responsabilidad es suya! Espero que esto no se repita, no me gustaría tener que mandar tan pronto un informe negativo a la inspección. ¡Buenos días!

Y con la cabeza erguida, doña Clara salió del aula dando un portazo. Cuando se fue, hubo un suspiro general de alivio. Hasta ese momento, la directora no había conseguido que su aire de enfado contagiara a Ana, aunque, por la cara que entonces tenía la maestra, se podía ver con claridad que estaba a punto de conseguirlo. Marta no sabía bien qué era eso del programa y de los objetivos, pero estaba cada vez más convencida de que no podía ser

nada bueno. Y más aún si, como acababa de escuchar, en la clase de 4.º B los
habían alcanzado todos.

Ella tenía varias amigas en el aula de
don Damián, y siempre salían al recreo
con una cara de aburridas que daban pena.
Por lo que le contaban, el profesor nunca, pero nunca, les había contado un cuento en todo el tiempo que llevaban de curso,
ni siquiera uno pequeñito. Y se pasaban
las horas escribiendo tantos ejercicios que
acababa doliéndoles el brazo. Así que,
cuando Marta les explicaba lo que hacían
con Ana, todas soñaban con escapar de
su clase y refugiarse algún día en la de su
amiga.

Como siempre que la directora venía
a meter cizaña, Ana les mandó guardar
silencio, con cara seria, como si todavía

estuviera poseída por el espíritu de doña Clara. Después, les dijo que iban a comenzar la clase haciendo un dictado. Y a continuación, mientras ella corregía los cuadernos, resolverían unas operaciones que les iba a poner en el encerado.

—¡Y no quiero oír ni una palabra! ¡Esta semana tenemos que trabajar mucho más, si queremos ponernos a la altura de 4.º B!

Marta y Daniel se miraron con cara de resignación, pero intercambiaron también una señal de complicidad. Porque sabían que, como ya había pasado otras veces, Ana pronto se olvidaría de las palabras de la directora y todo acabaría volviendo a la normalidad.

3
Un viaje inesperado

Cuando sonó el timbre que indicaba la hora del recreo, los niños interrumpieron el trabajo. No podían bajar al patio porque, con tanta lluvia que caía, ya hacía varias semanas que se lo habían prohibido. Así que una parte se fue a la biblioteca, pero la mayoría se quedó en la clase, entretenidos con algunos juegos de mesa o hablando entre ellos.

En el equipo de Marta cogieron un juego de damas. Beatriz y Antón se pusieron a jugar la primera partida, mientras Marta y Daniel esperaban su turno. Des-

de donde estaba, la niña vio cómo la profesora permanecía inmóvil frente a una de las ventanas, contemplando la lluvia que caía en el exterior.

Marta se acercó a ella y también se puso a mirar hacia afuera, aunque con tanta agua era poco lo que se podía ver.

—Hoy tampoco va a escampar, maestra —dijo la niña—. ¿Cuándo podremos volver a bajar al patio?

—No lo sé, Marta. También a mí me cansa tanta lluvia. No te creas que sólo os pasa a vosotros —sonrió a la niña y añadió—: Pero en la clase se está bien, ¿no?

Marta afirmó con la cabeza y le dirigió una sonrisa cómplice. Después, contenta de que Ana abandonase la expresión seria que tenía desde la visita de la directora, comentó:

—Mi madre dice que es una suerte que el colegio esté en un alto. Así sabe que nunca tendrá que venir a buscarme en barca.

—¿En barca?

—Sí, porque dice que, como siga lloviendo, va a acabar inundándose todo.

—¡Mujer, mucha agua tendría que caer para que ocurriera eso! Pero, bien pensado, tu madre tiene toda la razón. El colegio es el lugar más seguro.

—De todas formas, ¿a ti no te gustaría tener que vivir en una barca? —insistió la niña.

—¡Ay, Marta, qué cosas dices! —y tras mirarla con simpatía, la maestra continuó—: ¿Quieres que te cuente un secreto? La verdad es que sí, que me gustaría. Pronto cumpliré treinta años y me apetecería vivir algo extraordinario.

En ese momento, la lluvia comenzó a caer con más fuerza todavía, con una intensidad parecida a la de la mañana, cuando Marta se había despertado. Los otros niños de la clase, atraídos por el ruido, se acercaron también a las ventanas. Con la cara pegada a los cristales, contemplaban cómo el agua rebotaba con furia contra el cemento del patio.

De repente, se escuchó un ruido sordo. Un sonido grave, profundo y prolongado, que consiguió imponerse al estrépito de la lluvia. Los niños se miraron los unos a los otros, con caras de sorpresa e inquietud.

—Profesora, la escuela se ha movido —dijo Marta, con expresión asustada—. Creo que se ha inclinado un poco.

—¿Pero qué dices? —Ana la miraba

como si acabara de pronunciar alguna palabra prohibida—. ¿Cómo se va a mover la escuela?

Si la maestra pretendía que hubiera seguridad en sus palabras, no lo consiguió. Y su expresión de extrañeza dio paso a otra de clara alarma cuando, casi de inmediato, se escuchó un nuevo ruido, esta vez más evidente y más nítido.

—¡El florero, profesora! ¡Y los libros!

El florero lleno de rosas que la profesora solía tener sobre su mesa se deslizaba por la superficie del mueble y estaba a punto de irse al suelo. Ana corrió y consiguió salvarlo cuando ya caía; pero no pudo evitar que los libros también resbalasen y acabasen desperdigados por las baldosas del suelo.

Y lo mismo ocurría con los libros y cua-

dernos de los niños, que se iban cayendo mientras las mesas y las sillas se desplazaban hacia la pared del fondo. La clase entera se veía inclinada, como la sala interior de un barco, y algunos niños ya rodaban también por el suelo, incapaces de mantener el equilibrio. El ruido, cada vez más intenso y prolongado, parecía nacer en la parte inferior del edificio.

—¡Un terremoto! ¡Seguro que esto es un terremoto! —exclamó Ana, sin entender lo que sucedía—. ¡Apartaos de las ventanas!

La maestra estaba asustada, aunque hacía esfuerzos para que no se le notase. Era cierto que la clase estaba completamente inclinada, pero no podía ser un terremoto. En primer lugar, porque ni los más intensos duraban tanto tiempo. Ade-

más, tampoco notaba las fuertes vibraciones que, por lo que ella sabía, tenía que producir un fenómeno así.

Los niños también se sentían muy asustados, incapaces de entender qué fuerza era la que los arrastraba hacia el fondo de la clase. Marta, agarrada al marco de una ventana, permanecía de pie, y Daniel estaba a su lado. Tampoco ella sabía lo que pasaba, y las palabras de Ana acabaron de amedrentarla. ¿No era durante los terremotos cuando se abrían grietas en la tierra y los edificios se derrumbaban como si estuvieran construidos con arena?

Miró hacia el exterior. Ni rastro de grietas ni de edificios derrumbados. Aquel extraño fenómeno parecía que sólo afectaba a la escuela, porque allá afuera todo seguía como siempre. ¿Como siempre?

La niña observó con profunda sorpresa que los árboles que estaban plantados frente al colegio empezaban a moverse hacia la derecha. Y también las casas próximas, que se desplazaban en la misma dirección. Tardó todavía algunos segundos en darse cuenta de lo que realmente estaba sucediendo:

—¡Nos movemos! ¡La escuela se está deslizando cuesta abajo!

Ahora sí que todos los niños corrieron a las ventanas. Algunos aplaudieron, otros se reían, con la expresión dominada por la sorpresa. Era cierto lo que decía Marta. No se movían los árboles, ni las casas, aunque al principio pudiera parecerlo, tal y como ocurre cuando estamos dentro de un tren y éste se pone a andar desde la estación. Lo que se movía era el colegio,

que se desplazaba lentamente por la ladera de la colina, como si fuera un inmen-
so y pesado bloque de hielo.

El edificio estaba abandonando el lugar
que siempre había ocupado. Quizá porque
el suelo se encontraba blando y lleno
de barro después de tanta lluvia, quizá
porque la hierba mojada facilitase el des-
lizamiento, la escuela empezó a desplazarse siguiendo la ruta que le marcaba la
suave pendiente. Atravesó los campos que
se iba encontrando en su camino, cruzó
la carretera principal y continuó bajando
a través de los prados que ocupaban la
ladera.

La clase entera contemplaba fascina-
da el espectáculo, nadie era capaz de sepa-
rar sus ojos de la ventana. De repente,
por encima de sus voces sorprendidas, se

escuchó un grito procedente de la puerta:

—¿Qué hacen ahí, de pie? ¡Todo el mundo a sus asientos!

Era la directora, que esta vez venía acompañada de don Martín, el jefe de estudios. Sujetándose con las manos al marco de la puerta, los dos se esforzaban por mantener el equilibrio, porque la inclinación de la escuela y la creciente velocidad los impulsaban también a ellos hacia la pared del fondo.

Era imposible cumplir la orden de doña Clara, pues todas las mesas se amontonaban al fondo de la clase. Aun así, algunos niños intentaron acercarse a ellas. Pero fracasaron en su propósito, ya que perdían el equilibrio en cuanto se separaban del lugar en donde estaban apoyados.

La directora, tras comprobar la inutili-
dad de su orden, hizo como que no veía
lo que pasaba. Intentando que su voz resul-
tase serena, añadió:

—¡Tranquilidad! ¡Ante todo, tranquilidad! La situación está totalmente contro-
lada. Ya nos hemos puesto en contacto
con la Dirección General de Centros. Están
estudiando el asunto y enseguida nos
comunicarán lo que debemos hacer.

—Gracias a la señora directora no corremos ningún peligro —añadió don Martín,
con una sonrisa aduladora—. Si doña Clara no ordena otra cosa, tenéis permiso
para seguir mirando por las ventanas.

Sin embargo los niños no prestaron
atención a aquellas palabras. Y Ana tan
sólo hizo como que las escuchaba. Porque la escuela había acelerado su marcha,

como si por fin se animara a coger más velocidad, y se dirigía directamente hacia los árboles del prado más próximo al río.

Eran castaños muy antiguos, con unos troncos tan gruesos que se necesitarían dos personas para poder abrazarlos, así que el choque amenazaba con ser tremendo. Algunos niños se echaron a llorar, y la mayoría se tapó la cara con las manos, asustadísimos ante la tragedia que se avecinaba.

—¡Rápido! ¡Tiraos todos al suelo! —les ordenó Ana.

También ella tenía miedo, pues no sabía si las paredes del edificio podrían resistir aquel choque espantoso.

Pero no sucedió nada terrible. Con una modificación providencial de su trayectoria, como si intuyera el desastre, el edifi-

cio acabó por desviarse hacia el prado vecino, el que terminaba en la playa fluvial. Y allí, ya fuese a causa de la arena o porque el suelo tenía una pendiente mucho más suave, la escuela fue moderando su marcha, atravesó la playa con un movimiento pausado y acabó por detenerse en medio del cauce del río.

4
Operación Rescate

A Marta le resultaba extraña la inmovilidad de la escuela, después de aquella frenética bajada que lo había desequilibrado todo. El aula volvía a estar tan quieta como cualquier otro día, pero el ruido que venía del exterior indicaba que la calma era sólo aparente.

La niña abrió una de las ventanas y tanto ella como Daniel sacaron medio cuerpo fuera para ver lo que sucedía más abajo. Seguía lloviendo con intensidad, pero eso ya no les llamaba la atención. Lo que los

dejó fascinados fue ver, ahora que estaban en medio del río, cómo el agua golpeaba con violencia contra las paredes del edificio. Después de tantos días de lluvia, el río bajaba tan crecido que se había salido de su cauce natural e inundaba una parte de los prados vecinos. Y ahora, al tropezar con aquel inesperado obstáculo, formaba montañas de espuma blanca y provocaba un ruido ensordecedor.

—¿Y los de las clases de abajo? ¡Se van a ahogar todos! —exclamó Marta.

—Seguramente han cerrado bien las puertas y las ventanas —respondió Daniel—. Aunque lo mejor sería que subieran a nuestra aula. Así estarán mejor protegidos.

—¡Buena idea! ¡Vamos a decírselo a la maestra!

Buscaron a Ana y entonces se dieron

cuenta de que no estaba en el aula. Por suerte no tuvieron tiempo para preocuparse por su ausencia: al instante se abrió la puerta y la maestra entró en la clase. Cuando Marta y Daniel se le acercaron para explicarle la idea que habían tenido, Ana los interrumpió:

—No os preocupéis, vengo ahora mismo de allí. No ha entrado ni una gota de agua en la planta baja, así que los pequeños están tan a salvo como nosotros.

A continuación, levantando la voz para que pudiera escucharla toda la clase, la maestra les pidió que colocasen las mesas y las sillas en su lugar de siempre.

Ya estaban todos sentados de nuevo en sus sitios cuando la directora volvió a entrar en el aula. También esta vez don Martín se pegaba a sus talones.

—¡Muy bien, muy bien! Todo colocado y ordenado. ¡Así me gusta! ¡No podemos consentir que cualquier imprevisto estorbe nuestro trabajo!

Después de mirar con satisfacción el panorama, la directora añadió:

—¡Atendedme todos! Don Martín va a leeros las Instrucciones Extraordinarias que acaba de aprobar el Equipo Directivo.

El jefe de estudios se adelantó unos pasos y, tras hacer una reverencia servil a doña Clara, comenzó a leer el contenido de un papel que traía en la mano:

«Ante la nueva situación provocada por el desplazamiento del colegio, el Equipo Directivo, reunido en sesión extraordinaria, ha acordado que:

Punto 1: Recuperada ya la estabilidad

del edificio, las clases continuarán con norm...»

Las palabras de don Martín quedaron ahogadas por un ruido ensordecedor que provenía del exterior. Marta enseguida se dio cuenta de lo que estaba ocurriendo:

—¡Mirad, mirad! ¡Es un helicóptero!

Niños y niñas se levantaron y corrieron a las ventanas. Era cierto: un helicóptero se había acercado a la escuela y estaba situado a pocos metros de distancia de la fachada. Dentro del aparato iban tres hombres. Uno de ellos empezó a hablar a través de un sistema de megafonía:

—¡Atención, los de ahí abajo! ¿Pueden oírme? ¡Queremos hablar con el director!

Doña Clara se acercó a la ventana, apartando a empujones a los alumnos que le impedían el paso. El helicóptero bajó

un poco más para aproximarse a la ventana lo máximo posible.

—¡Aquí no hay director! —gritó con todas sus fuerzas—. La directora soy yo. ¿Quiénes son ustedes y qué hacen aquí?

—Somos un equipo de la BASI, la Brigada de Auxilio para Sucesos Imprevisibles. Tenemos órdenes de proceder a la evacuación del colegio.

—¿Evacuar el colegio? —doña Clara seguía desgañitándose—. ¿Sabe que tenemos casi doscientos alumnos? ¿Y cuántos caben en ese helicóptero? ¡Tardaríamos más de una semana en hacer el desalojo!

—¡Menos bromas, señora! Nosotros sólo venimos a supervisar la operación. No tardará en llegar el equipo de salvamento. Está desplazándose por carretera hasta este lugar.

La directora iba a responder otra vez, pero el helicóptero se elevó dejándola con la palabra en la boca. Y los gritos excitados de los niños la obligaron a fijarse en los tres camiones que en aquel mismo momento bajaban por el prado.

Los camiones se detuvieron en la playa fluvial, a pocos metros de la orilla del agua. De ellos bajaron unos hombres que enseguida se pusieron a montar una especie de plataforma, ante las miradas expectantes de los niños. El helicóptero seguía dando vueltas alrededor del edificio, pero a mayor altura.

Cuando la plataforma estuvo lista, de ella salió un brazo articulado que se abría como un gran metro de carpintero. El brazo terminaba en una pequeña cabina, semejante a la de una grúa. La cabina esta-

ba ocupada por un hombre que, en cuanto el brazo mecánico se extendió lo suficiente, saltó de ella y entró en el aula, entre los aplausos entusiastas de los niños.

—¡Yo soy la directora de este centro! —doña Clara se había colocado delante del hombre con cara de pocos amigos—. ¿Cómo se atreve a entrar por la ventana sin mi consentimiento? ¡Gamberro!

—¿Y por dónde quiere que entre, señora? ¿No ve que la escuela está en medio del río? ¿Cómo le parece si no que hagamos el rescate?

—Aquí no se hace ningún rescate sin que usted se identifique. Además, quiero ver antes el programa de evacuación. ¿Tienen ustedes los permisos necesarios?

—Mire, señora. ¿Por qué no me deja trabajar? —el hombre hacía esfuerzos por

mostrarse amable—. Estamos ante un fenómeno sin precedentes, y la prioridad es salvarlos a todos ustedes. ¿A quién le importan ahora unos papeles?

—¡En este colegio no se hace nada sin los documentos reglamentarios! Si no tiene los permisos, lo siento mucho, pero tendrá que dar la vuelta e ir a buscarlos.

—Pues explíquele eso al Consejero de Educación, que es quien ha dado la orden —contestó el hombre, irritado—. Si quiere, aquí tengo un teléfono.

Ante aquellas palabras, la directora cambió el tono de voz, que se volvió exageradamente amable, aunque su cara seguía roja de rabia:

—¡Si lo manda el señor Consejero, no hay nada más que hablar! ¿Y puede explicarme cómo van a realizar la evacuación?

—Muy fácil, señora. ¿Ve usted este aparato que he traído conmigo? —el hombre señalaba una especie de tubo plegado como un acordeón, que estaba amarrado a la cabina—. Pues ahora, cuando lo sujete a la ventana y lo extiendan desde abajo, quedará convertido en un tobogán que los llevará sin ningún problema hasta donde están mis compañeros. Si lo hacemos con orden, en media hora estaremos todos abajo.

Marta atendía excitadísima a todas aquellas explicaciones. Ella ya sabía cómo eran aquellos tubos, los había visto muchas veces en las películas. ¡Aquélla sí que iba a ser una buena experiencia! Aunque, bien pensado, también le daba pena que la aventura terminase tan pronto.

El hombre subió otra vez a la platafor-

ma para extender bien el tubo en dirección al suelo. Cuando ya se disponía a entrar de nuevo en el aula, para sujetar por dentro el otro extremo del tubo, se encontró con que la ventana estaba cada vez más lejos de la cabina. ¿Cómo era posible?

Fue Daniel el primero en darse cuenta de lo que ocurría:

—¡La escuela se mueve otra vez! ¡La corriente está arrastrando el colegio!

Era cierto. El edificio, empujado por la impetuosa corriente de agua, empezaba a desplazarse río abajo, como un gran barco que lentamente inicia su travesía.

5
Río abajo

La certeza de que la corriente los estaba arrastrando alborotó a toda la clase. Niñas y niños asistían fascinados a aquella navegación inesperada, incapaces de prestar atención a ninguna otra cosa. Los camiones y la grúa iban quedando cada vez más lejos; el helicóptero, desde lo alto, seguía a prudente distancia la marcha de la escuela.

La directora, tras varios intentos inútiles por hacerse oír entre tanto jaleo, abandonó el aula con la cara congestionada por

el enfado. Y Ana, como si fuera una alumna más, decidió dejarse llevar por la onda de alegría que recorría toda la clase.

Se acercó a donde estaban Marta, Daniel y algunos niños más, que conversaban alrededor de un grupo de mesas.

—¿Qué hacéis aquí, tan parados?

—Estamos jugando a que somos los pilotos del barco. Éste es el puente de mando, discutimos qué rumbo vamos a tomar —le contestó Marta.

—¡Tengo una idea! ¿Por qué no jugamos toda la clase?

A los niños les pareció buena idea, así que Ana les pidió que cada uno eligiera el personaje que quería ser de entre todos los que van en un barco. Hubo bastante discusión, porque todos querían lo mismo y tuvieron que resolverlo echándolo a suer-

tes. Hasta que por fin toda la tripulación estuvo ocupada en sus funciones, mientras el barco, pilotado por las hábiles manos de Marta, continuaba su viaje por el río.

En un momento dado se abrió la puerta y entró en la clase el profesor de la otra aula de cuarto. Don Damián venía tan atildado como siempre, con su americana de cuadros y su corbata, con el pantalón sin una arruga y los zapatos tan lustrosos como si los acabara de comprar. Pero en esta ocasión en su cara se veía una expresión desesperada, incluso parecía que estaba a punto de echarse a llorar.

En cuanto contempló el panorama que tenía delante, hizo ademán de dar la vuelta y marcharse. Sin embargo Marta, que lo había visto desde su puesto de timonel, lo saludó con alegría:

—¡Hola, don Damián! ¿Qué le parece nuestro barco? ¡Qué aventura tan genial!

—¿Aventura? ¡Querrás decir desastre! Porque esto es un desastre, ¿no lo ves? ¿O es que os habéis vuelto todos locos?

En aquel momento, Ana también se dio cuenta de su presencia y se acercó a él:

—¿Qué tal, Damián? ¿Verdad que resulta increíble?

—¿Increíble, dices? ¡Una desgracia, eso es lo que es! Los niños no quieren hacer nada, no soy capaz de mantenerlos en silencio… ¡Ya me dirás cómo vamos a cumplir el programa!

—¡Deja en paz el programa, hombre! Ya nos ocuparemos de él otros días —contestó Ana—. Ahora lo que tenemos que hacer es aprovechar este viaje irrepetible. ¿A ti no te parece fascinante?

—¿Fascinante? ¡Querrás decir preocu-
pante!

—Pues aquí el único preocupado eres
tú. Mira a los niños. ¡Están entusiasmados!

El hombre observó a su alrededor. Era
imposible ignorar la alegría que reinaba
en el aula. Con voz dubitativa, respondió:

—Bien pensado... Una escuela navegando río abajo no se ve todos los días.
Sí, reconozco que es una experiencia única.

—Y si es única, ¿vas a condenar a tus
alumnos a perdérsela? —insistió Ana—.
¿No te parece un pecado?

—Tal y como lo expones, tienes razón
—aceptó don Damián—. Pero el programa...

—¿Otra vez con el programa? ¡Ni que

se fuera a escapar! Anda, olvídate de él y dales una alegría a tus alumnos.

—¿Y la directora? ¿Qué dirá doña Clara cuando se entere?

—Mira, Damián, haz lo que tú quieras. Yo ya te he dicho lo que pienso.

Y, dándose la vuelta, la profesora cogió un mapa y se sentó al lado de Marta:

—A ver, piloto. Vamos a comprobar con el mapa si llevamos la ruta correcta.

Damián se quedó parado durante algunos minutos, sin saber qué hacer. Los niños y las niñas, mientras tanto, continuaban moviéndose por el aula como si fueran marineros de verdad.

De allí a un rato, el maestro se marchó de la clase. Y algunos minutos más tarde se escucharon gritos de júbilo procedentes del aula de al lado. Marta miró a Ana

y le guiñó un ojo. Las dos sabían bien lo que significaban aquellos gritos de alegría.

Así transcurrió la mañana, con la escuela navegando río abajo, mientras las dos aulas de cuarto se iban llenado de marineros que cuidaban de que nada alterase el rumbo. En las orillas del río había grupos de personas que se acercaban a contemplar el insólito espectáculo y que agitaban los brazos al paso del edificio. También había cámaras de televisión grabando aquel acontecimiento único, y coches todo terreno que circulaban por la orilla siguiendo la trayectoria de la escuela. De vez en cuando, el helicóptero se aproximaba al colegio, pero enseguida

volvía a elevarse. Era evidente que los de la BASI no iban a intentar nada mientras el colegio estuviera en movimiento.

Llegó la hora de comer. Las cocineras no habían podido hacer la comida porque no había electricidad, así que prepararon un menú frío con lo que tenían a mano. Atendiendo a la situación excepcional, en vez de bajar los alumnos al comedor, se decidió que la comida se haría en cada una de las aulas.

La entrada de las dos cocineras en la clase de Marta fue saludada con un montón de aplausos. Traían grandes bandejas llenas de bocadillos, fruta, botellas de agua y leche, así como servilletas y vasos de plástico.

El viaje y la excitación les había abierto el apetito, porque todos comieron como

si llevaran días sin hacerlo. Cuando terminaron, Ana les pidió que prestaran atención a lo que iba a decirles:

—Escuchadme bien. Los profesores estamos convocados a una reunión de claustro a las cuatro de la tarde. Es una reunión importante, supongo que en ella se decidirá lo que vamos a hacer. Así que tendré que ausentarme de la clase durante un tiempo. ¿Puedo confiar en vosotros?

—Pues claro, maestra. Ya sabes que sí —respondió Marta en nombre de todos—. ¡El barco puede quedar perfectamente a nuestro cuidado!

—Eso espero —concluyó Ana—. Mantened bien el rumbo y procurad que el navío no encalle. ¡Ay de vosotros si eso sucede!

Todos asintieron como si su intervención fuera imprescindible. Pero, después de las horas que llevaban río abajo, sabían de sobra que sus cuidados eran innecesarios. El colegio, como guiado por una fuerza misteriosa, continuaba impasible su marcha por el río.

6
Rebelión a bordo

Cuando Ana llegó a la sala de profesores, ya estaban allí todos sus compañeros. En la cabecera de la mesa, frente a una carpeta abarrotada de documentos, doña Clara se disponía a comenzar la reunión. A su derecha, don Martín repasaba unos papeles con expresión concentrada. A la izquierda, doña Catalina, la secretaria, ya estaba dispuesta a tomar nota de todo lo que se hablase en la reunión.

—Ahora que estamos al completo, podemos comenzar este Claustro Extraor-

dinario —empezó la directora—. Como saben, la vida del colegio se ve alterada por las circunstancias inesperadas que...

Como tenía por costumbre, Ana dejó de atender a las palabras de doña Clara. Sabía por experiencia que siempre se perdía en frases vacías que a ella no le interesaban nada. En cambio, se entretuvo mirando, una por una, las caras de sus compañeros. Además del equipo directivo, formaban el claustro diez maestras y seis maestros. «Dieciséis tripulantes», pensó, contemplándolos con simpatía. En su cara se dibujó una sonrisa, que se borró en cuanto se dio cuenta de la mirada severa que le dirigía la directora.

—...Y espero que todos sepamos cumplir con nuestro deber —doña Clara estaba terminando su intervención inicial—.

Bajo ningún concepto nos podemos desviar de nuestros objetivos.

—Dígame, Clara —intervino una profesora de sexto curso—. ¿Las autoridades saben ya adónde nos dirigimos?

—Lo tienen todo controlado, acaban de confirmármelo por teléfono. Aunque no hace ni una hora que terminó la reunión en la Secretaría de Catástrofes. Después de estudiar el curso del río, calculan que el colegio se detendrá a la altura de Vilanova, en un lugar donde el cauce toma una curva muy pronunciada. El edificio, al ser tan pesado, no podrá girar y embarrancará en la orilla. Y entonces será cuando nos rescaten.

—¿Y cuándo llegaremos a ese lugar? —preguntó el profesor de Educación Física.

—Pues, si continuamos a esta velocidad, dentro de unas nueve o diez horas.

—¡Pero para entonces ya será de noche! ¿Dónde vamos a dormir?

—Ya hemos pensado también en eso. Subiremos a las clases las colchonetas del gimnasio. Habrá que improvisar unas camas colectivas para esta noche.

Aquellas palabras provocaron rumores entre los asistentes. Doña Clara, subrayando cada una de sus palabras, añadió:

—Y..., en fin... Hay que procurar que todo el mundo se comporte con el mayor decoro, ustedes ya me entienden. No necesito decirles que esto también va dirigido al profesorado. Debemos ser los primeros en dar ejemplo.

Las preguntas se sucedían una tras otra, y la directora parecía tener respuesta para todas ellas. Cuando ya a nadie se le ocurría nada más que decir, doña Clara anunció que el jefe de estudios les daría las instrucciones para el trabajo en las clases.

Don Martín distribuyó entre los asistentes unas hojas que traía preparadas. Después, comenzó a hablar:

—Según ha dicho muy bien doña Clara, estamos ante una situación excepcional. Como no se pueden marchar, tendremos a los alumnos en clase durante muchas horas seguidas. Es una oportunidad única para impartir algunos contenidos nuevos y así avanzar en el programa. Son los que están en esa hoja que les acabo de entregar.

—«La flora y la fauna de los ríos» —leyó uno de los maestros—. «Los ríos navegables del mundo». «La flotación de los cuerpos: el principio de Arquímedes»...

—¡Pero los niños están demasiado excitados, es imposible dar una clase normal! —interrumpió otra maestra.

—Creo que todo depende de la actitud que...

Ana, que hasta ese momento había permanecido en silencio, interrumpió la contestación del jefe de estudios:

—Perdón, pero quisiera leer lo que figura en la parte final de mi hoja.

Toda la sala se quedó en silencio. Don Martín, sorprendido, no sabía qué decir. Entonces Ana leyó con voz tranquila:

—«Dadas las circunstancias excepcionales que vivimos, quedan suspendidas las

actividades del programa. Se aconseja dejarse guiar por lo que vaya exigiendo la situación.»

—¿Cómo? ¿Dónde dice eso? —se alarmó don Martín—. ¡Yo no leo nada en mi documento!

—Es que sólo está en mi hoja, acabo de escribirlo yo —y a continuación, mirando a los otros maestros añadió—: ¿No os parece que debería estar en las hojas de todos?

Hubo unos momentos de tenso silencio. Lo rompió don Damián, que, de manera inesperada, se puso de pie y después se subió a su silla. Desde lo alto, exclamó:

—¡Excepcionales, sí! ¡Dejémonos llevar por la vida, amigos míos! ¡Dejémonos ir río abajo, lo mismo que el edificio!

Y finalmente, mirando fijamente a la

directora, que parecía a punto de explotar de ira, remató:

—¡Proclamo la suspensión del programa! ¡Que la corriente nos arrastre hasta donde quiera! ¡Dejemos que nuestros alumnos vivan esta experiencia única!

La directora lo miraba con ojos cargados de veneno y furia. Iba a ordenarle a don Damián que abandonase el claustro de inmediato, pero la situación ya se había descontrolado y no tenía remedio.

—¡Síííí! ¡No más programas! —gritó otra maestra, al mismo tiempo que rompía la hoja en pedacitos.

Varios profesores también se subieron a las sillas y rompieron sus hojas, lanzando los fragmentos por el aire.

La secretaria, con la cara enrojecida,

preguntó en voz alta si debía recoger en el acta la intervención de don Damián. Pero la directora no le pudo contestar, porque el conserje entró en la sala tan veloz como un rayo:

—¡Vengan! ¡Vengan corriendo!

De nada sirvieron los gritos de la directora y los intentos desesperados de don Martín para impedir la marcha. Todos salieron atropelladamente y fueron tras el conserje hasta los grandes ventanales de la fachada. La escuela había descendido más rápidamente de lo previsto por los técnicos. Y además era evidente que no se había detenido en ninguna curva del río. Porque allá adelante, a una distancia de menos de un kilómetro, se podía ver la superficie inmensa del mar.

El colegio continuaba velozmente su

marcha río abajo, hacia el mar que todos contemplaban fascinados.

7
Una noche muy especial

Desde la ventana del aula, también Marta y los otros niños se habían dado cuenta de la presencia del mar en la línea del horizonte. La escuela no detenía su marcha, sino que se desplazaba con la misma determinación que un barco con las velas hinchadas por un viento favorable.

Además, en las últimas horas había ido disminuyendo la intensidad de la lluvia y ya no caían nada más que unas pocas gotas. Hacia el lado del mar, algunos frag-

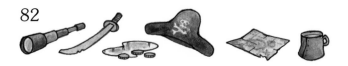

mentos de cielo azul asomaban entre las nubes.

Ana entró en el aula. Marta enseguida notó que estaba alterada, como si los amenazase algún peligro. La maestra dio dos palmadas para pedir la atención de todos. En cuanto lo consiguió, dijo:

—Estamos llegando al mar, vosotros mismos podéis verlo, y tenemos que prepararnos, nos espera un gran peligro.

—¿Qué peligro, maestra? ¡No nos asustes!

—Hasta ahora, la escuela ha sido arrastrada por la fuerza del agua. No podíamos hundirnos, porque el río tiene poca profundidad —les explicó—. Sin embargo, el mar es profundo, y este edificio, muy pesado, así que corremos el peligro de acabar haciéndoles compañía a los peces.

Y ellos son capaces de respirar bajo el agua, pero nosotros no.

—¿Y qué podemos hacer? —preguntó Marta.

—Prestadme atención —contestó la maestra—. Si notamos que la escuela se hunde cuando lleguemos al mar, lo que tenemos que hacer es saltar por las ventanas y nadar hasta llegar a la costa.

—Pero yo no sé nadar —dijo un alumno.

—Y yo tampoco —añadió otro.

—Calma, calma —pidió Ana—. A ver, ¿cuántos de vosotros no sabéis nadar?

Seis niños levantaron la mano, con un poco de vergüenza, y algunos más confesaron que se cansaban enseguida. Estaba claro que había que buscar otra solución.

—¡Ya lo tengo, maestra! —dijo Mar-

ta—. Nuestras mesas son de madera. Y la madera flota en el agua, ¿no? Lo que tenemos que hacer es poner las mesas patas arriba y lanzarlas por la ventana. Y luego nos montamos en ellas como si fueran barcas.

—¡Buena idea, Marta! —aprobó Ana—. A ver cómo nos organizamos para tenerlo todo preparado para cuando llegue el momento.

Sin embargo, los planes de salvamento fueron innecesarios. Quizá porque en la desembocadura del río se abría un amplio estuario, la escuela fue disminuyendo su velocidad y acabó parada en medio del agua. La profundidad allí era escasa y el edificio quedó asentado en la arena del fondo.

Poco después, el helicóptero que los

venía siguiendo desde que iniciaron la travesía se acercó al edificio. Como ya comenzaba a anochecer, llevaba las luces encendidas. El hombre que se había comunicado con ellos la primera vez volvió a mantener otra conversación con la directora. Pero en la clase no pudieron escuchar nada porque, en esta ocasión, doña Clara hablaba asomada al balcón de la fachada. Finalmente, el aparato volvió a elevarse y se fue alejando de la escuela hasta que lo perdieron de vista.

Ana salió del aula para informarse de las novedades. Volvió al poco rato y les explicó a los niños lo que había dicho el hombre del helicóptero. Como se acercaba la noche, y además todos estaban bien, las autoridades habían decidido dejar el rescate para el día siguiente. De madru-

gada tenían previsto montar una pasarela flotante por la que todos podrían llegar a la orilla.

—Por tanto, esta noche tendremos que dormir aquí —concluyó la maestra—. Así que necesito voluntarios para que me acompañen al gimnasio a buscar unas colchonetas.

La noticia fue recibida con exclamaciones de júbilo. Y todos se pusieron a ayudar con entusiasmo, separando las mesas y colocando después las colchonetas de manera que formasen una especie de círculo. No había luz, de modo que tuvieron que apañarse con una linterna que la profesora colgó en el centro de la clase. Y así, con esa débil iluminación, cenaron la leche con galletas que les subieron de la cocina.

—Bueno, ahora, a dormir —ordenó Ana cuando terminaron—. Hoy hemos tenido un día muy ajetreado y necesitamos recuperar fuerzas.

Marta y sus amigos no eran de la misma opinión. Al contrario, no tenían ni pizca de sueño. Pero apenas tuvieron tiempo para protestar, porque en ese momento llamaron a la puerta. Era don Damián, que quería hablar con Ana. Los dos estuvieron charlando en voz baja durante unos minutos.

—Escuchadme todos —dijo la maestra, cuando terminaron la conversación—. Damián pregunta si sus alumnos pueden venir a pasar un rato con nosotros. Luego se irán a dormir a su aula. ¿Qué os parece?

Todos asintieron, entusiasmados por

la propuesta, y se apresuraron a hacer sitio a sus compañeros. Poco después, los niños de las dos aulas estaban sentados en el círculo de las colchonetas. Ana, desde el centro, pidió silencio, y añadió:

—No sé quién le habrá dicho a Damián que yo sé muchos cuentos. Ahora me pide que os cuente uno, antes de dormir.

Marta apretó con fuerza la mano de Daniel y sonrió, aunque en la oscuridad no se pudiera ver su sonrisa. Lo que más le gustaba de la profesora eran sus cuentos. Y sobre todo en una noche como aquélla, en la que el hecho de estar allí ya era una aventura.

Y entonces Ana inició su relato. Aunque comenzaba de manera inocente, enseguida se vio que era un cuento de miedo. Como la maestra había cogido la linter-

na, la encendía y la apagaba cuando a ella le convenía, de manera que la historia aparentaba ser todavía más terrible.

Marta se alegró de no tener que dormir sola aquella noche. Porque, aunque terminaba bien, el cuento le había encogido el corazón y le había dejado el cuerpo lleno de temores.

Finalizado el relato, los niños de la otra clase se levantaron y se marcharon para su aula. Todavía hubo algunas protestas, pero Ana apagó la luz y ordenó a todos que se fueran a dormir.

Poco tiempo después, en la oscuridad del aula no se oía más que el sonido tranquilo de las respiraciones.

8
Los piratas del Capitán Kidd

Cuando Marta se despertó, notó que la escuela se movía de una manera diferente a como lo había hecho hasta entonces. Era una especie de balanceo continuo que a ratos se hacía más intenso. ¿Estarían hundiéndose en la arena? A su alrededor, todos los niños dormían; y también lo hacía Ana, acostada en el espacio central del aula.

La niña se levantó y se acercó a la ventana. Hacía poco que había amanecido y

en el aire todavía quedaban restos de bruma. Lo que vio la dejó sin habla, tal fue la sorpresa que experimentó: la escuela estaba en medio del mar, no se veía tierra por ninguna parte. Las olas chocaban suavemente contra las paredes del edificio, provocando el balanceo que había notado al despertarse. Además, ya no llovía y el cielo aparecía casi despejado.

Procurando no hacer ruido, se acercó al lugar donde dormía la maestra. La sacudió hasta conseguir que abriera los ojos.

—¡Maestra! No te asustes, soy yo. Ven conmigo a la ventana, anda.

Ana obedeció y se levantó. Una vez en la ventana, también ella tuvo que reprimir un grito de asombro. ¿Cómo era posible? ¿Dónde estaban las tierras de la desembocadura?

—Estamos en medio del mar y la escuela no se hunde. No tenían razón los del helicóptero —explicó Marta, aunque era evidente.

—¡Ya sé lo que ha pasado! ¡Qué tontos somos! —exclamó la maestra—. Cuando quedamos parados en la desembocadura, estábamos en la bajamar. Pero durante la noche ha debido de subir la marea y entonces el agua ya fue suficiente para que el colegio continuara su marcha. ¡Y nosotros durmiendo mientras la corriente nos llevaba!

—¿Y ahora qué hacemos?

—No lo sé, Marta. Debemos de llevar varias horas navegando, por eso estamos ya en alta mar.

Se quedó parada frente a la ventana, con expresión de desconcierto. Después añadió:

—Antes de nada, tenemos que despertar a los demás. A lo mejor a alguno se le ocurre una buena idea.

El alboroto que se armó cuando los niños descubrieron la nueva realidad fue enorme. Hubo aplausos y exclamaciones de estupor. En medio de tanto entusiasmo, Berta, una de las niñas, exclamó:

—¡Eh! ¡Mirad allí!

Señalaba para un punto del mar donde un grupo de delfines se desplazaba acompañando la marcha de la escuela. Los animales daban saltos fuera del agua y, por un momento, permanecían inmóviles en el aire, para sumergirse luego entre montañas de espuma. Eran un grupo numeroso y resultaba fascinante contemplarlos. ¿Cuántas sorpresas más guardaría el día que entonces comenzaba?

Cuando más entretenidos estaban con el espectáculo, la puerta del aula se abrió con estrépito y una voz potente gritó:

—¡Abran paso al Capitán Kidd!

En la entrada de clase se encontraba don Damián. Pero ya no parecía el mismo maestro que los niños estaban acostumbrados a ver. Aunque llevaba puestos los mismos pantalones negros, se había quitado la chaqueta y la corbata, y se había puesto una camiseta, también negra, en la que aparecían pintadas la calavera y las tibias cruzadas que identifican a los piratas en cualquier parte del mundo. En la cabeza llevaba un gorro hecho con cartulina negra. En la mano derecha blandía una rudimentaria espada de madera, mientras que con la izquierda agitaba un paño negro en el que también había pintado el

símbolo de la piratería. Además, llevaba un parche en un ojo y, como no se había afeitado, su aspecto resultaba de lo más convincente.

Tras él, los niños y niñas de su clase aparecían también disfrazados de piratas. Algunos llevaban parches, y muchos se habían pintado barbas y bigotes con pintura de cera.

—Pero, Damián, ¿qué haces así vestido?

—Damián nos abandonó esta noche, señorita Ana. Y en su lugar ha aparecido el Capitán Kidd —miró a los niños con expresión seria, como si quisiera asegurarse de que no lo tomaban a broma—. Si me quiere acompañar en la conquista de este barco, me sentiré muy honrado.

Ana no contestó, pero decidió seguir

a su compañero. Y tras ellos marcharon también los alumnos de las dos clases. Desde las aulas de los otros cursos, eran muchas las caras que observaban con curiosidad. La comitiva recorrió el pasillo y se detuvo frente al despacho de la directora.

El Capitán Kidd llamó a la puerta. Doña Clara abrió casi al momento, todavía con cara de sueño. Por su expresión de asombro, daba la impresión de que creía estar soñando. Pero enseguida se recompuso e intentó dominar la situación:

—¿No le parece que ya hemos tenido bastante con la rebelión de ayer, Damián? ¡Quítese inmediatamente ese ridículo disfraz! ¿Es éste el ejemplo que da usted a sus alumnos?

—Don Damián no existe, señora. Está usted delante del Capitán Kidd —respondió

el pirata. Todos guardaban silencio, expectantes ante aquella situación—. Como corsario mayor de estos mares, le anuncio que desde este momento tomo posesión del barco.

—¿Ah, sí? —lo retó la directora, con la cara congestionada por la indignación—. ¿Y se puede saber qué piensa hacer?

—Antes de nada, voy a encerrarla a usted para que no nos moleste más.

La cogió por un brazo y la empujó al interior del cuarto. Don Martín y la secretaria, que seguramente se habían despertado con el alboroto, intentaron impedírselo, pero el Capitán Kidd los metió a los tres dentro del despacho, cerró la puerta y la aseguró dándole dos vueltas a la llave. Desde dentro llegaron gritos, y golpes en la puerta, y amenazas terribles

que el pirata escuchaba con aire impasible.

—¿Alguien más quiere entrar con ellos? —preguntó, en tono desafiante.

Nadie se movió. Los niños de las otras clases, así como los profesores, habían salido al pasillo y también guardaban silencio.

Entonces, el Capitán se subió a una mesa que había allí cerca y exclamó:

—Desde este instante, declaro que la única ley que gobierna este barco es la ley del mar. ¡La ley de los que aman la libertad y sólo tienen por techo el cielo y las estrellas!

Se quedó un momento callado, pensando en lo que iba a decir a continuación. Al poco rato, levantando bien alta la bandera negra, gritó:

—¡Se acabaron las clases aburridas!

—¡Se acabaron! —corearon los niños con entusiasmo.

—¡Se acabaron los programas que no le interesan a nadie!

—¡Se acabaron!

—¡Se acabaron las bibliotecas cerradas!

—¡Se acabaron!

—¡Se acabaron las visitas al Cuarto Oscuro!

—¡Se acabaron!

—¡Se acabaron las órdenes porque sí!

—¡Se acabaron!

—¡Viva la Escuela de los Piratas!

—¡Viva! ¡Viva!

Mientras celebraban la nueva situación, Carlota, una de las cocineras, se acercó hasta donde estaba el Capitán Kidd.

—Escúcheme, Capitán. Con su permiso, quiero dirigirme a todos los alumnos.

El Capitán la ayudó a subirse a la mesa. Cuando se vio allí arriba, Carlota habló con voz enérgica:

—Atendedme bien, porque esto es importante. No sabemos el tiempo que deberemos permanecer en este barco. Y la comida empieza a escasear. Sólo nos queda leche, pan de molde y manzanas. Necesitamos más comida, así que sería conveniente organizar equipos de pesca. Podríamos hacer pescado a la plancha, mientras nos duren las bombonas de butano.

—¡Buena idea, Carlota! Inmediatamente

nos encargamos nosotros de todo —habló el Capitán Kidd, dando por concluida la reunión.

Al poco tiempo, desde las ventanas del edificio salían hilos de sedal que terminaban en anzuelos construidos doblando alfileres. De cebo, emplearon todo cuanto pudieron encontrar por la cocina: anchoas y mejillones en conserva, pedazos de manzana, trocitos de plástico de colores... Y no tardaron en picar los primeros peces, algunos de los cuales se utilizaron también para obtener un cebo mejor.

Enseguida empezaron a entrar en la cocina meros, maragotas, caballas, fanecas, corvinas... Un equipo de alumnos, dirigidos eficazmente por Carlota, se encargaba de limpiarlos y salarlos, dejándolos listos para poner en la plancha.

¡La comida de aquel día prometía ser una de las más exquisitas que habían probado en mucho tiempo!

9
Una mujer misteriosa

Cuando todos los alumnos estaban descansando en sus aulas, después de una comida tan extraordinaria, se escuchó de nuevo el ya familiar ruido del helicóptero. Pero en esta ocasión no venía un solo aparato, sino tres. Dos de ellos volaban a una cierta distancia del edificio, pero el tercero se acercó todo lo que pudo, tanto que casi parecía que se podía tocar con las manos.

Marta fue de las primeras en asomarse a la ventana. Desde el helicóptero aca-

baban de soltar una escalera de cuerda. Y por ella comenzó a descender una persona a la que no habían visto hasta entonces. Se trataba de una mujer vestida con un mono rojo, que llevaba una mochila a la espalda. ¿Qué se propondría hacer?

El helicóptero maniobró hasta que, tras varios intentos, la mujer pudo sujetarse al marco de la ventana en la que estaba Marta. La niña se echó para atrás, lo mismo que el resto de sus compañeros. Con una mano en la escalera de cuerda y con la otra en la ventana, la mujer se movió hasta que consiguió apoyar los pies en el marco. Después soltó la escalera y, dando un salto, acabó por caer en el suelo del aula.

Algunos tímidos aplausos saludaron aquella entrada de película. El Capitán Kidd, siempre en compañía de Ana, se

acercó rápidamente a la mujer. Y lo mismo hizo Marta, que no quería perderse ni una palabra de lo que dijeran.

—Bienvenida a bordo, quienquiera que usted sea —habló el Capitán—. ¿Podría decirme a qué debemos su visita?

—Soy Antía Vilariño, una de las científicas del LIP —aquella mujer no parecía extrañada por el hecho de estar delante de un pirata tan raro—. Antes de nada, ¿puedo saber con quién estoy hablando?

El Capitán iba a contestarle, pero se adelantó Ana:

—¿El LIP? ¿Qué demonios es eso?

—Es el Laboratorio de Investigaciones Paranormales. Yo trabajo allí, como ya les he dicho. Estoy aquí porque el Gobierno entiende que nos encontramos ante un caso muy extraño.

Como ni Ana ni el Capitán decían nada, añadió:

—Estarán de acuerdo conmigo en que un edificio no abandona su lugar así como así. Y tampoco suele terminar en medio del mar, invadido incluso por los piratas, si no me engañan mis ojos.

Las últimas palabras las dijo con evidente ironía, pero sus interlocutores hicieron como que no se daban cuenta.

—¡No necesitamos que nadie nos salve! —replicó el Capitán Kidd—. ¡Sólo necesitamos un viento amigo que nos lleve a la Isla de la Tortuga!

—¿La Isla de la Tortuga? ¿Por dónde queda eso? —preguntó Ana.

—En el Mar de las Antillas. Es la isla que sirve de refugio a los piratas de todos los mares. ¡Debemos poner rumbo a ella!

—Calma, Capitán, para eso siempre tendremos tiempo. ¿Por qué no escuchamos antes lo que nos tiene que decir esta mujer?

La científica, que había asistido con aparente calma a aquella conversación, les pidió que se trasladasen a un lugar donde pudieran hablar con tranquilidad. Ana sugirió el despacho de tutoría, un pequeño cuarto situado entre las dos clases. En cuanto los tres estuvieron acomodados allí, la mujer inició su explicación:

—Lo que le sucede a este colegio no tiene una explicación racional, eso es evidente. No es normal que la escuela abandone el lugar donde fue construida, ni tampoco que el edificio se deslice monte abajo y vaya a parar al río. Y todavía mucho menos, que se ponga a navegar por él y acabe en alta mar.

Se calló para observar la reacción de sus interlocutores. Después, mirando fijamente al Capitán Kidd, añadió:

—Aunque, por lo que veo, en el apartado de hechos inexplicables tendré que añadir su transformación en un barco pirata.

El Capitán agachó la cabeza y no dijo nada. Fue Ana la que preguntó cuáles eran las razones que habían traído a la doctora al barco.

—Al principio, cuando se conoció la caída de la escuela monte abajo, las autoridades se centraron en salvar la vida de los alumnos y profesores, pues temían que se pudiera producir una catástrofe. Claro que enseguida se comprobó que no era así y que todos ustedes parecían saber defenderse muy bien. Entonces fue cuan-

do prestaron atención a lo realmente importante.

—¿A qué se refiere? —preguntó Ana.

—¡A qué va a ser! ¡A conocer las razones por las que sucede todo esto! Ése es el trabajo que han encargado a mi departamento.

—¿Y...?

—Pues que, después de pensarlo mucho, creemos tener la explicación. Por eso estoy yo aquí, para comprobarlo.

—¿Comprobar qué?

—Verán. Tengo poderosas razones para creer que estamos ante un raro caso de fantasía colectiva. Pienso que este edificio se está moviendo de acuerdo con los deseos de un grupo de personas que se encuentran dentro de él, aunque ellos mismos no sean conscientes de lo que pasa.

Es fundamental identificar a los miembros de ese grupo. Hecho eso, podremos poner en práctica una solución. ¿Me van a ayudar o no?

—La ayudaremos. Parece usted una persona en la que se puede confiar —habló por fin el Capitán Kidd, después de consultar a Ana con los ojos—. El viaje al Mar de las Antillas bien puede esperar algunos días más. ¿Qué quiere que hagamos?

—Quiero que me dejen visitar todas las clases y hablar con sus alumnos.

El Capitán se ofreció de inmediato a acompañarla. Ana, mientras tanto, decidió volver a su aula. Allí encontró a los niños cada vez más entusiasmados con la travesía, había incluso algunos que hablaban de lanzarse al mar para darse un baño. Ella los convenció para que no hicieran

tal cosa, sobre todo cuando les explicó que las aguas podían estar habitadas por tiburones hambrientos. A cambio, pasaron la hora siguiente jugando a que eran piratas y abordaban los galeones cargados de oro y plata con los que se cruzaban en su camino.

Ya era casi el mediodía cuando la doctora Vilariño y el Capitán Kidd entraron en el aula. Por las caras que traían, la maestra adivinó que las investigaciones no habían tenido éxito.

—¡Nada! —exclamó la doctora—. Quizá mi teoría esté equivocada, quizá sean otras las razones de este fenómeno extraordinario.

—No desespere usted —intervino el Capitán—. Todavía nos falta este grupo. ¡Mientras hay vida, hay esperanza!

Poco después, todos los de la clase estaban acomodados sobre las colchonetas. La doctora se sentó en el lugar donde habitualmente lo hacía la maestra. A continuación, les pidió que contestasen sin miedo a las preguntas que iba a hacerles, pues sus respuestas eran necesarias para una importante investigación.

—Vamos con la primera —dijo la doctora—. ¿Alguno de vosotros, cuando entrasteis ayer en el colegio, imaginó que el edificio pudiera moverse e ir por el monte abajo?

Hubo unos segundos de desconcierto, mientras los niños se miraban entre sí. Finalmente, Marta levantó la mano.

—Yo, sí. No lo pensé con esas palabras, pero fue una idea que se me pasó por la cabeza. ¡Llovía tantísimo!

—A mí me ocurrió algo parecido —intervino Daniel.

—Y a mí —habló Beatriz.

En total, Antía contó trece niñas y niños que habían fantaseado con esa posibilidad.

—Puede anotar catorce —añadió Ana, después de que los contasen—. Porque la verdad es que yo también pensé algo parecido.

La investigadora tenía una sonrisa de oreja a oreja. Se notaba que estaba contenta al ver que se confirmaban sus hipótesis.

—¡Muy bien, muy bien! Esto puede explicar que el edificio se deslizase hasta el río. Pero, ¿y después? ¿También deseasteis que la escuela siguiera río abajo, como un barco?

—No lo deseé. Sólo lo imaginé. ¡A fin de cuentas, ya estábamos en el río! —volvió a intervenir Marta.

Tras Marta, levantaron la mano algunos niños más que en la ocasión anterior. Y aunque parecía que no le gustaba reconocerlo, Ana confesó que también ella había fantaseado con esa idea.

—¡Bien! ¡Muy bien! —exclamó la doctora, levantándose de nuevo—. Creo que ya no es necesario continuar. Puedo adivinar las respuestas a las siguientes preguntas que traigo preparadas.

—¿Quiere decir que hemos sido nosotros los que provocamos este viaje? —preguntó Ana, con cara de asombro—. ¡Eso es imposible!

—No hay nada imposible, ya lo estamos viendo —Antía señaló hacia el mar

que se podía ver más allá de las ventanas—. Me atrevo a asegurar que son ustedes el motor que mueve este edificio. La imaginación tiene un poder mucho mayor de lo que se cree. Realmente, es la única fuerza capaz de cambiar el mundo. Y si actúa de manera conjunta, todavía mucho más.

Luego, mirando fijamente a Ana y sonriendo, la doctora añadió:

—Es usted una persona «peligrosa», amiga mía. Lo que no puedo saber es si la contagiaron sus alumnos o si ha sido al revés. Para el caso que nos ocupa, eso da igual.

—¿Y ahora qué vamos a hacer? —preguntó la maestra, todavía desconcertada por lo que acababa de escuchar.

—Pues, si el Capitán nos da su per-

miso, tendremos una sesión decisiva con usted y con su clase. Cuanto antes, mejor.

10
Cambio de rumbo

Siguiendo las órdenes de Ana, Marta y los otros niños de la clase se juntaron de nuevo alrededor de las dos mujeres. El Capitán Kidd, desde un extremo del aula, observaba la escena sin perder detalle.

—Ya conocéis a la doctora Antía. Lo que no sabíais es que se trata de una famosa científica —explicó la maestra—. Y ahora quiere pediros algo muy importante. Somos los únicos que la podemos ayudar.

Intrigados por aquellas palabras, los

niños prestaron la mayor atención cuando la doctora empezó a hablar:

—El viaje que estamos haciendo es fantástico, de eso no hay duda. La televisión y los periódicos no hablan de otra cosa, en este momento sois las personas más famosas del país. Pero hace ya dos días que estáis fuera de casa y vuestros padres están muy preocupados. Si fuera por ellos, ya tendríamos aquí una flota de barcos para rescataros.

Hizo una pausa para comprobar el efecto de sus palabras. En muchas caras aparecía ahora un aire de tristeza. Quizás hasta aquel momento no habían pensado en sus padres, inmersos como estaban en una continua aventura.

—Creo que este viaje debe terminar. Por mucho que pesquéis, no vais a pasa-

ros toda la vida comiendo pescado. Sin contar con que muy pronto se acabará el butano en la cocina, y entonces sólo habrá pescado crudo para comer. ¿Y a quién le gusta el pescado crudo? Ya es hora de regresar a vuestras casas.

Marta comprendía que aquellas palabras estaban llenas de sentido. Le daba pena poner fin a una aventura tan emocionante, pero también ella tenía ganas de volver con sus padres. Miró a través de la ventana y vio el cielo azul, un cielo tan claro que alegraba el corazón. Casi inmediatamente, preguntó:

—¿Sigue lloviendo en el pueblo?

—Pues sí, no quiero engañaros —contestó la doctora—. No obstante, el Servicio Meteorológico afirma que escampará muy pronto.

—¿Y quién nos va a rescatar? —preguntó Daniel.

—No hace falta que venga nadie. Si me ayudáis, yo sé cómo conseguir que este barco vuelva al lugar que ocupaba en el pueblo. ¿Qué os parece?

Los niños se pusieron a hablar entre ellos. Tras un tiempo de discusión, todos guardaron silencio para que Marta pudiera intervenir:

—Estamos de acuerdo. ¿Qué tenemos que hacer?

—En primer lugar, debéis confiar en mí —aseguró Antía—. Quiero que os tumbéis y os pongáis cómodos en las colchonetas.

Los niños obedecieron. Cuando los vio acomodados, la doctora continuó:

—Ahora vais a cerrar los ojos. Y des-

pués imaginad que la escuela cambia su rumbo y empieza a navegar hacia la costa. Y que más tarde, cuando llegue a la desembocadura del río, sube cauce arriba hasta llegar al lugar desde el que empezó a deslizarse.

Todos cerraron los ojos, intensamente concentrados, dejándose llevar por las palabras pausadas de la doctora. También lo hizo el Capitán, pues así se lo pidió Antía. Sólo volvieron a abrirlos cuando ella les dijo que ya era suficiente. El experimento había terminado y ahora no había otra cosa que hacer más que esperar.

Aparentemente, nada se notó, pues el barco seguía moviéndose por el mar sin

ningún rumbo visible. Pero Marta enseguida se dio cuenta de que el sol, que antes estaba situado a la derecha del cielo, se encontraba ahora más bien a la izquierda, como si la dirección en la que navegaban fuese distinta.

Acabó el día y la oscuridad se impuso alrededor del barco. Tras una cena escasa, las niñas y los niños volvieron a acostarse para dormir en los mismos lugares que habían ocupado la noche anterior. También en esta ocasión, Ana les contó un cuento a las dos clases juntas, aunque éste no era de miedo, sino de los maravillosos. Se trataba de un príncipe que se convertía en lagarto y tenía que superar numerosas pruebas antes de ser desencantado y poder casarse con la mujer a la que amaba.

Más tarde, mientras dormían, a Marta le pareció que la escuela se desplazaba a una velocidad cada vez mayor, pues era más fuerte el ruido de las olas al chocar contra las paredes y el edificio se balanceaba con mayor intensidad. Pero nunca supo si aquellas sensaciones se correspondían con la realidad o formaban parte de las fantasías del sueño.

11
El mejor de todos
los cursos

Al despertarse, lo primero que notó Marta fue la inmovilidad, una extraña calma que contrastaba con el balanceo al que había terminado por acostumbrarse, después de tantas horas de navegación. El edificio ya no se movía con el vaivén de las olas, aunque seguía escuchándose el familiar ruido del agua.

La niña se sentó en la colchoneta y miró a su alrededor. Los otros niños seguían durmiendo, pero Ana y la docto-

ra ya estaba despiertas. Arrimadas a una de las ventanas, hablaban entre ellas en voz baja.

Marta decidió acercarse a las dos mujeres. Se levantó y fue andando despacito para no despertar a nadie.

—Buenos días —saludó, bajando la voz—. ¿Ha funcionado el experimento?

—Hola, Marta —le contestó Ana, sonriendo—. Compruébalo tú misma.

La niña miró por la ventana. Aunque secretamente esperaba algo así, no pudo evitar una exclamación de asombro. ¡El mar había desaparecido! ¡Ya no había olas, ni delfines, ni horizontes inacabables! La escuela volvía a estar situada en medio del río, junto a la playa fluvial, justo en el lugar al que habían ido a parar después del accidentado descenso por la ladera.

—Así que usted tenía razón —dijo la niña, mirando con respeto a la doctora—. ¡Qué lista es!

—Lista, sí; pero todavía no soy capaz de mover de su sitio ni una cuchara. Así que no sé yo quiénes serán aquí los listos —contestó la mujer, mientras acariciaba el pelo de Marta.

—¿Y ahora qué vamos a hacer?

—Pues despertar a tus compañeros. ¡El trabajo todavía no ha terminado!

A medida que se despertaban y comprobaban la nueva situación, todos los niños reaccionaban de manera similar a como lo había hecho Marta. También el Capitán Kidd, que continuaba hablando sólo lo imprescindible y parecía aceptar con naturalidad el papel dirigente que había adoptado la doctora.

—Acercaos aquí —pidió Antía, bajando la voz—. Y no hagáis ruido; los niños de las otras clases todavía están durmiendo.

Cuando estuvieron reunidos alrededor de ella, continuó:

—Ya veis lo que hemos conseguido. Ahora estamos ya muy cerca del pueblo, y yo sé que vuestros padres os están esperando en el patio del colegio. Y también sé que nos espera un desayuno con chocolate caliente, y churros, y tarta de Guitiriz, que la he encargado yo misma.

Marta notó inmediatamente una punzada de hambre. La cena, bien escasa por cierto, había quedado atrás hacía horas. ¡Cómo le apetecía el desayuno prometido por la doctora! Claro que todavía era mayor el deseo de ver a sus padres, después de tanto tiempo separados.

—Traer la escuela hasta aquí no ha sido nada fácil —la doctora continuaba con su charla—. Pero ahora viene lo más complicado: conseguir que suba monte arriba y se coloque en el lugar en el que siempre estuvo. Os va a costar, pero podéis conseguirlo. Tenéis que imaginar todo el camino que hará la escuela: cómo ascenderá por la ladera, cómo sorteará los árboles, cómo cruzará la carretera... Y cómo se elevará, en un último movimiento, para asentarse en el hueco que dejó al marcharse. ¡Concentraos todos... y todas!

Marta vio cómo Ana cerraba los ojos, al igual que el Capitán Kidd. Ella también cerró los suyos tan fuerte como pudo, y lo mismo hicieron los otros niños de la clase, incluso los que no habían tenido nada que ver con el origen del viaje.

Ahora, como estaban todos despiertos, era fácil notar el movimiento. El edificio empezó a vibrar como si le costara abandonar la inmovilidad. Finalmente, salió del agua, atravesó la playa fluvial, ascendió prados arriba... La tentación de mirar por las ventanas era grande, pero Marta no quería distraerse. ¿Y si la escuela volvía a deslizarse hacia abajo y todo comenzaba de nuevo?

Finalmente, el edificio empezó a ir más lento, como si llegara cansado a los últimos metros. Ahora sí que Marta no pudo resistir la tentación y corrió a la ventana, junto con otros niños.

El patio entero se encontraba lleno de gente, que rompió en aplausos cuando la escuela, finalizada la ascensión, se mantuvo por unos instantes en el aire y des-

pués se asentó en el mismo lugar que había ocupado durante años. ¡Ya estaban en casa!

El entusiasmo era enorme. Abrazos, llantos, risas, más abrazos... Había un cordón de policías para impedir que la gente se acercara, pero a duras penas podían contener los empujones de la multitud.

Marta enseguida localizó a sus padres entre tanta gente como allí se había congregado. Le entraron ganas de bajar corriendo y salir para abrazarlos. Pero sentía que no podía abandonar así como así lo que había sido su barco durante los últimos días. Si habían esperado durante tantas horas, seguro que podían aguardar unos minutos más.

El timbre, además del ruido exterior, se encargó de despertar a las otras clases.

Todo era alegría y exclamaciones de sorpresa. Y como tenían muchas ganas de salir, se apresuraron a organizar un desalojo ordenado de las aulas.

Los de las clases de cuarto fueron los últimos. Cuando ya bajaban, escucharon gritos y fuertes golpes en una puerta. En el acto descubrieron que venían del despacho de la directora.

—¡Todavía están encerrados! ¡Me olvidé de ellos por completo! —exclamó el Capitán Kidd, que seguía sin alejarse ni un centímetro de Ana.

—¿Encerrados? ¿Quién está encerrado ahí? —preguntó la doctora.

—Enemigos nuestros. Los que intentaban ahogar la imaginación. No nos quedó más remedio que encerrarlos —explicó el Capitán.

—¡Pues hay que liberarlos ahora mismo! —ordenó Ana.

Con desgana, el Capitán Kidd sacó la llave del bolsillo y abrió la puerta. Después de tantas horas de encierro, la directora y los otros dos salieron hechos unas furias:

—¡Rebelde! ¡Maleducado! ¡Secuestrador de inocentes!

—¡Subversivo! ¡Pirata de pacotilla! ¡Bobo!

—¡Estúpido! ¡Matón de película barata! ¡Imbécil!

Cuando agotaron el repertorio de insultos, la directora se plantó frente al Capitán con la mirada amenazante:

—¡A ver cómo le explica usted a la Inspección el informe que pienso hacer! Ya se puede considerar expedientado y des-

pedido. ¡No volverá a dar clases ni en Madagascar!

—¡Cuidado con el Capitán Kidd, señora! Ahora no estamos en el mar, así que el Capitán se ocultará por un tiempo —su voz era tranquila, pero con un aire de amenaza—. Yo me pensaría mucho eso de las represalias, porque los piratas pueden volver en cualquier momento. Y nunca olvidan una afrenta, por muy lejos que estén. ¡Sus venganzas son terribles!

Las últimas palabras fueron recibidas con ¡vivas! y aplausos de los niños de las dos clases. La directora, terriblemente enfadada, se volvió a meter en su despacho y cerró dando un portazo. Entonces el Capitán se quitó el gorro y lo lanzó por una ventana. Y luego, ofreciendo su brazo a Ana, le dijo:

—En las películas, el capitán de los piratas siempre acaba enamorando a la joven protagonista, aunque nunca he visto ninguna tan guapa como tú. ¿Vamos a dejar que se rompa una tradición tan hermosa?

En la cara de Ana apareció una sonrisa tierna y alegre. Después aceptó el brazo que le ofrecía su colega y empezó a bajar las escaleras. Marta miró a Daniel, y también a sus compañeros de clase, al tiempo que una expresión pícara se dibujaba en su cara.

Ahora sabía lo poderosos que podían ser todos juntos. Un día tenía que convencerlos para que imaginasen que volaban por encima de los montes, como un enorme avión. O que subían hasta más allá de las nubes, lo mismo que una nave

espacial. O que trasladaban la escuela al centro del parque, para tener por fin un patio de recreo bien grande. O que llegaban a Egipto y viajaban por el río Nilo para ver las pirámides y la misteriosa esfinge. O que... ¡Bien pensado, aquel curso podía llegar a ser el más divertido de toda su vida!

Los personajes
de esta historia

MARTA

Tiene nueve años y ya está cansada de ser hija única. Lo que más le gustaría es tener un hermano, pero, por ahora, no hay indicios de que sus padres le vayan a cumplir el deseo.

Le encanta hablar. Su padre algunas veces la llama cotorra, y su madre opina que toda la fuerza se le va por la boca. También le gusta mucho leer. Si le preguntasen cuál es su libro preferido, dudaría entre *Las brujas* y *Charlie y la fábrica de chocolate*. No soporta las acelgas, pero adora las croquetas del restaurante vegetariano que está cerca de su casa.

Después de la aventura que vivió con la escuela navegando por alta mar, no ha dejado de hacer planes para organizar nuevos viajes. Sabe que su vida va a tener mucho de mágica y que hay poderes dentro de ella que todavía tiene que descubrir.

REME

Reme es Remedios Souto Dafonte, la madre de Marta. Desde que era niña le encanta desmontar cualquier aparato. Su deseo habría sido trabajar en un taller de electrónica, pero cuando ella era joven eso todavía estaba muy mal visto. Así que acabó de empleada en la droguería «Hollywood», pues ése es el nombre de la cadena de establecimientos que don Ramón, el dueño, posee en varias localidades de la provincia.

Reme tiene muy buen carácter y sólo lo pierde cuando se encuentra ante una situación que considera injusta. Por esta razón, tal y como está el mundo, últimamente anda bastante enfadada.

Quiere mucho a Marta, cree que haber tenido a la niña ha sido el mejor regalo que le pudo hacer la vida.

FRAN

Es el padre de Marta. Todo el mundo le llama Fran, aunque en realidad su nombre es Francisco Portela Novo. Le gustaría trabajar de bibliotecario, pues es feliz cuando está entre libros. Heredó de su padre el vicio de la lectura y le encanta comprobar que Marta sigue por el mismo camino.

Trabaja en LAGASA. Es una fábrica de leche que, en los últimos años, ya ha cambiado de dueño cuatro veces (en la actualidad, pertenece a una empresa belga). Fran no consigue entender por qué la ganancia que dan las vacas gallegas tiene que acabar yéndose a otro país, pero ya está resignado a que las cosas sean así.

Ana Salgueiro

Éste es su tercer curso como profesora en el colegio del pueblo. Llegó a la enseñanza por casualidad, pues ella siempre había soñado con ser astronauta o, en su defecto, pilotar aviones. Lo de estudiar Magisterio fue fruto de un impulso, como comprar un billete de lotería dejándose llevar por el corazón. Ahora sabe que ha acertado, porque cada vez le gusta más su trabajo. No se atreve a decirlo en voz alta, pero en su diario escribió hace ya tiempo que «sólo la escuela puede servir para construir un mundo mejor».

Por lo demás, le gustan mucho los cuentos de miedo y las novelas de misterio. Y se deprime un poco en los meses de invierno, tan largos y grises en este Finisterre de Europa.

DANIEL

Como ya se dijo, no hace ni un año que llegó al pueblo. Al principio se sentía triste, pues había dejado en Lugo a todos sus amigos, pero ahora piensa que el cambio ha sido una suerte. De no ser así, no habría conocido a Marta, la niña más lista, más guapa y más simpática que puede haber en el mundo. De mayor querría ser un importante científico, de ésos que hacen descubrimientos trascendentales. También se quiere casar con Marta cuando los dos sean mayores, y le fastidia bastante que sus padres se rían cada vez que lo dice.

BEATRIZ

Es amiga de Marta desde que las dos tenían tres años y se conocieron el primer día de escuela. Se llevan muy bien, y muchas veces van a dormir una a casa de la otra. Le encantan los bichos, y no entiende cómo hay personas que pueden sentir asco de un gusano peludo o de una araña bien gorda. Y le gusta mucho Antón, pero disimula, porque piensa que él no le hace ningún caso.

ANTÓN

Desde que empezó el curso se considera la persona más afortunada del mundo, pues se sienta en clase al lado de Beatriz. Le parece que no puede haber nada mejor que estar con ella, pero se esfuerza por disimular lo que siente, ya que cree que la niña sólo lo considera un compañero más.

Doña Clara

Hace muchos años quizá fue una maestra que amaba su profesión, pero un extraño sortilegio debió de helarle el corazón sin que ella se diera cuenta. Ahora sólo se preocupa de papeles y de números, y también de hacer méritos para que algún día la asciendan a un puesto en la Dirección General de Centros. Los niños mayores la llaman «la Trunchbull», pero como ella no lee libros infantiles, desconoce lo que hay detrás de ese nombre. Ella todavía no lo sabe, pero cuando sea una anciana comprenderá lo amarga que ha sido su vida y sentirá pena por los años que perdió haciendo el tonto.

DON MARTÍN

Martín Fernández López, ése es su nombre completo. Cuando era pequeño, su padre le pegaba con el cinturón cada vez que se le ocurría hacer alguna travesura. Ahora disfruta al ver las miradas de miedo en las caras de los alumnos cada vez que pasa por su lado. Aunque nunca se lo ha confesado a nadie, siente envidia y tristeza cuando ve a los niños jugando alegres en el patio.

EL PILOTO DEL HELICÓPTERO

Su nombre verdadero es Romualdo, aunque los colegas del trabajo le llaman Chuck (pronúnciese «chack»). Lleva un diario donde anota todos los casos en los que interviene la BASI, porque tiene la intención de escribir un libro cuando se jubile. En sus días libres le encanta ir al monte a buscar setas, de las que es un gran conocedor.

Agostinho Dos Santos

Es el técnico de evacuación que entró por la ventana en la clase de Marta. Aunque nació en Guimarães, hace ya años que vive en Galicia porque, en un viaje que hizo a Santiago con motivo del Xacobeo 2000, conoció a Delia, una muchacha compostelana, y se enamoró de ella sin remedio. Tienen una hija pequeña que se llama Florbela, como la madre de Agostinho.

Don Damián

Desde que era niño le gustan los libros y las películas de aventuras. Siem-

pre soñó con ser también él un aventu-
rero, pero nunca se atrevió a llevar a la
práctica sus deseos. Al contrario, pro-
curaba ser ordenado y sumiso, porque
sabía que esas cualidades eran bien
valoradas por sus jefes. Los pocos días
que la escuela estuvo convertida en barco cambiaron su vida. Además, un peda-
zo de su corazón va a estar ocupado
para siempre por el admirado Capitán
Kidd.

CARLOTA, LA COCINERA

De pequeña no le gustaba nada la cocina, pero todo cambió cuando consiguió

su primer trabajo y se pudo ir a vivir con dos de sus amigas. Entonces descubrió que cocinar era algo casi mágico, y que ella tenía una habilidad especial para hacerlo. Ya lleva cuatro años como cocinera jefa en el comedor del colegio. Le encanta, sobre todo, preparar los bizcochos que inundan toda la escuela con su aroma irresistible.

Doña Catalina

Si hay dos personas que le caigan mal, ésas son don Martín y doña Clara. No obstante, no hace más que cumplir todo lo que ellos le ordenan, aunque sabe que esa obediencia forzada es la responsable de los dolores de estómago que siente con frecuencia.

Vive sola, con la única compañía de Panchinho, un loro que le trajo su hermano de uno de sus frecuentes viajes a Brasil. Le gusta construir maquetas de barcos, tiene toda la casa llena de ellas. Pero no consigue alejar de su corazón la pena por no poder visitar lugares como la Isla de Pascua o los bosques de baobabs que hay en Madagascar.

EL CAPITÁN KIDD

Este famoso pirata nació en el año 1645, en una pequeña localidad de la costa de Inglaterra. De muchacho, se marchó a América y se enroló en la armada inglesa, distinguiéndose en las batallas entre ingleses y franceses por el control del Mar de las Antillas. Ascendió a capitán y la reina le concedió permiso para luchar contra los piratas. Pero lo que hizo el Capitán Kidd fue aliarse con los corsarios a los que debía perseguir, convirtiéndose en uno de los más importantes. Capturado por el ejército inglés, fue juzgado y ahorcado en Londres en el año 1701.

Antía Vilariño

Cuando era pequeña en su barrio la llamaban «la maga», por las cosas extrañas que era capaz de hacer. Como por ejemplo, subir a lo más alto del cerezo donde crecen las mejores cerezas, o adivinar lo que estaban pensando las personas con las que se cruzaba.

Sus estudios fueron muy brillantes. Ahora le encanta trabajar en el LIP, donde se ocupa de asuntos extraordinarios. Vive con un escritor de novelas de ciencia ficción que tienen poco éxito, pero que a Antía le parecen maravillosas. Los domingos siempre cocina algún pescado al horno y una tarta de chocolate que le enseñó a hacer su abuela.

El príncipe Lagarto

Este personaje sale en un cuento popular gallego que Xosé Miranda puso por escrito hace algunos años. Nació lagarto arnal por efecto de un encantamiento, pero por las noches podía desprenderse de su piel de reptil y convertirse en un hermoso joven. De no ser por la mujer que lo desencantó, después de muchos trabajos y desventuras, quizá todavía hoy seguiría siendo lagarto.